MANUEL INDUSTRIEL

OU

SECRET DES FORGES,

CONTENANT

UN GRAND NOMBRE DE PROCÉDÉS INDISPENSA-
BLES AUX MANUFACTURIERS, SERRURIERS,
FORGERONS, HORLOGERS, BIJOUTIERS,
FERBLANTIERS, LAMPISTES, ETC.

SUIVIS

DE PROCÉDÉS POUR L'UTILITÉ ET L'AGRÉMENT
DE TOUT LE MONDE,

TIRÉS DES MEILLEURS AUTEURS,

par

J. R.

Prix : 1 fr. 50 c.

Bordeaux. — RAGOT, Imprimeur, rue de la Bourse, 44.

MANUEL INDUSTRIEL

OU

SECRET DES FORGES.

PREMIÈRE PARTIE.

PROCÉDÉS QUI SONT RELATIFS AUX ÉTATS DE FORGES, TELS QUE SERRURIERS, FORGE-RONS, CHAUDRONNIERS, HORLOGERS, BIJOUTIERS, FERBLANTIERS, LAMPISTES ET AUTRES.

Pour souder l'acier fondu au fer, ou l'un à l'autre, ou à un autre acier.

On met dans un creuset en grès 92 grammes de borax, 800 milligrammes de sel ammoniac, cinquante gouttes esprit de vin ou environ ; on met le creuset sur le feu à une forge, et l'on fait chauffer le tout jusqu'à ce que ce soit bien fondu; on le connaît quand il ne reste aucun grumeau dans le creuset, et que la vitrification est claire et transparente, ce qui arrive au bout de quinze à vingt minutes; alors vous coulez la matière sur une feuille de tôle en l'inclinant. Après la fusion, vous changez la matière de place, et l'action du froid vous la rendra en petits morceaux et propre à l'usage; il faut prendre garde de la laisser plus longtemps, elle perdrait sa qualité et ne pourrait plus servir.

Emploi de cette matière.

Après avoir ployé un morceau d'acier fondu en deux, on passe la lime sur les deux côtés et en dedans, où l'on veut souder, afin d'enlever la crasse qui s'y est formée; on prend un morceau de composition et on l'étend avec le bout de la lime; elle fond aussitôt; quand les parties à souder sont couvertes de cette matière, on rabat tout autour afin d'ajuster les deux par

ties le mieux possible, et on le met au feu ;
aussitôt passé rouge cerise, on le bat sur
l'enclume, ayant soin de donner les premiers coups de marteau sur l'amorce, et
promptement ensuite partout, afin que la
soudure prenne bien. On peut en faire tout
ce que l'on veut ; la soudure ne manque
jamais.

Autre manière.

Il suffit, quand l'acier est rouge, de le
couvrir de chaux vive réduite en poudre,
et quand les amorces sont faites, vous cou-
vrez l'endroit de votre enclume avec de la
même chaux ; aussitôt que l'acier est sorti
du feu, il faut qu'une autre personne saupoudre les parties à souder avec de la
même matière, et vous frappez promptement afin qu'elles prennent partout. Il faut
tant que l'acier est rouge en mettre dessus.

*Nouvelle trempe pour le fer qui le rend dur
comme l'acier en le trempant seulement dans
l'eau.*

On prend 30 grammes de prussiate de

potasse, 7 grammes de sel ammoniac, et 15 grammes d'os brûlé blanc; on broie le tout séparément, puis, on le met ensemble. Il suffit, quand le fer est rouge, de prendre cette poudre et de passer un tampon, puis, de le remettre au feu, et de le plonger dans l'eau fraîche. On répète cette opération plusieurs fois afin de rendre le fer plus dur. L'eau dans laquelle on a trempé le fer se conserve; plus elle vieillit, meilleure elle devient.

Tremper des pièces minces sans qu'elles se voilent.

On les trempe dans de l'eau tiède; on a mis dessus autant d'huile que l'épaisseur de la pièce à tremper; ayant attaché la pièce sur un croisillon avec du fil de fer, ou toute autre forme de support, suivant la pièce à tremper, on fait rougir le tout et on plonge sa pièce horizontalement dans l'eau.

Tremper des burins très durs, pour tourner l'acier fondu.

Il suffit, quand ils sont rouge cerise, de

les plonger dans du vif argent sans leur donner de recuit; cette trempe n'est pas bonne aux outils sur lesquels on est obligé de frapper.

Pour ôter les grains de la fonte.

Faites une pâte avec de la craie et de l'eau; chauffez votre fonte plus que rouge; enveloppez-la de cette pâte et laissez-la refroidir dans cette enveloppe; on pile de l'ail, on en couvre la pièce, on la met recuire dans un feu charbon de bois, et on laisse la pièce refroidir dans la forge.

Autre moyen d'ôter les grains de la forge.

On fait une caisse en fer de la grandeur de la pièce; on met au fond une couche de chaux mêlée, parties égales, à du charbon de bois pilé, et de l'oxide de fer; on couche ses pièces, et entre elles on met une couche de cette composition. On ferme la boîte hermétiquement, et on la met pendant cinq ou six heures à un feu de forge, et on laisse refroidir le tout.

Moyen pour souder le plus mauvais fer, qui coule quand il est blanc.

On prend de la composition pour souder l'acier fondu, et on l'emploie de la même manière; on peut ensuite percer à chaud, à froid, sans crainte qu'il ne se casse.

Pour adoucir tous les aciers et le fer.

On les met dans une boîte de fer, entre deux couches du mélange suivant : on pile et mêle parties égales de charbon de bois, de limaille de fer, et de cendre. On met la boîte au feu pendant une heure, et on la laisse refroidir dans la forge.

Pour ôter les grains de la fonte, pour la percer au foret.

On fait rougir l'endroit où sont les grains et on met dessus de la grosse cassonade; on répète plusieurs fois selon le besoin; il est peu de grains qui résistent après cette opération.

Pour faire de l'acier de poule.

On fait une caisse en fer; on met un lit

de 14 millimètres d'épaisseur au fond,
avec des os brûlés; on couche le fer et on
met dessus autant en épaisseur d'os brûlés
que dessous, en y ajoutant un tiers de
prussiate de potasse mis en poudre et bien
mêlé; on en remplit toute la caisse, on la
ferme hermétiquement, et on la laisse chauffer quatorze heures dans un fourneau.

Faire une composition excellente pour les frot-
tements. Quand c'est sec, il faut les

Dans 1/2 kilo de graisse ou saindoux
sans sel, on met 30 grammes de potée d'é-
tain et 125 grammes plombagine tamisée
bien fin, on mêle bien le tout ensemble et
on en met sur les coussinets.

Pour scier promptement de la fonte.

On la chauffe au blanc, et l'on est tout
étonné qu'en prenant une scie à bois on
la coupe facilement; pour cela on la met à
l'étau.

Pour empêcher le fer et le fer-blanc de se
rouiller, sans les vernir.

On trempe les pièces à conserver dans de

l'eau de chaux un petit instant, ou on les saupoudre avec de la chaux vive bien pulvérisée, et l'on enveloppe dans du papier.

Vernis pour bronzer le fer.

Dans un litre d'esprit de vin à 33 degrés on fait dissoudre cinq cents grammes orpin, ou poudre, autant de plomb mine noire en poudre; on l'agite bien; avant de s'en servir, on en passe sur le fer ou la fonte avec la brosse. Quand c'est sec, il faut les vernir; on met fondre, dans 250 grammes d'essence de térébenthine, 30 grammes gomme gutte pilée, et on ajoute, quand c'est bien dissous, un litre de vernis gras numéro 1. On agite bien avant de s'en servir, et on passe ce vernis au pinceau; si l'on faisait chauffer la pièce, le vernis serait plus beau.

Procédé pour blanchir le fer, en le trempant seulement.

On prend 30 grammes d'alun, 30 grammes de muriate de soude, 15 grammes de tartre blanc; on fait fondre et bouillir le tout dans un litre d'eau ; on fait chauffer les objets à blanchir et on les passe chauds dans cette lessive. Le fer poli ainsi deviendra très blanc, puis on le vernit avec le vernis ci-dessous désigné.

Pierre pour nettoyer le fer et l'acier promptement.

Une livre de terre grasse bien tenace ; on en fait avec de l'eau une bouillie claire ; jetez-y 250 grammes de brique pilée, qui ne soit pas trop fine, 61 grammes de pierre ponce en poudre ; on met six blancs d'œufs ou $1/2$ litre de lait ; on en forme des tablettes que l'on laisse sécher ; on mouille d'eau ou d'huile la partie à nettoyer, on passe cette pierre dessus, puis on la sèche avec du tripoli ou de la cendre passée, pour lui donner le lustre.

Vernis pour le fer poli.

Mastic en larmes 30 grammes ; camphre 15 grammes, sandaraque 45 grammes, gallipot d'Amérique 15 grammes; on met le tout dans un demi-litre d'esprit de vin, et on met la bouteille, qui est bouchée de parchemin troué, au bain-marie, jusqu'à dissolution complète; quand il est froid, on le décante et on le met dans une bouteille bien bouchée; on en passe avec un pinceau fin.

Blanchir le fer et le cuivre par l'étain.

On met dans un mortier deux parties d'alun, une partie de tartre blanc et deux parties de sel; on réduit tout cela en poudre, on en met sur l'objet à blanchir que l'on frotte avec un tampon, et on passe dans l'étain chaud les pièces, jusqu'à ce qu'elles soient bien blanchies.

Procédé pour faire un vernis mutatif pour tous les métaux; quand il est sec, il est doré et très solide.

On prend du succin 30 grammes, du sang de dragon, et du safran, de chacun 2 grammes, esprit de vin à 38 degrés

600 grammes ; on fait infuser le tout au soleil pendant huit jours, ayant soin de le remuer deux fois par jour ; on bouche la bouteille d'un parchemin percé de petits trous d'épingle. Quand les gommes sont dissoutes, on le tire au clair et on le bouche bien.

Pour s'en servir, on fait chauffer la pièce et on la vernit avec un pinceau ; quand il est sec, il est très solide et bien doré ; quand les pièces sont sales, on peut les passer dans l'eau tiède sans crainte de les ternir.

Procédé pour dorer le cuivre ou le zinc en le faisant bouillir.

On fait un amalgame presque liquide d'une partie de zinc et douze parties de mercure ; on peut y ajouter un peu d'or pour rendre la couleur plus éclatante, on décape soigneusement la surface du cuivre avec de l'acide nitrique étendu d'eau ; on met l'amalgame dans l'acide muriatique (ou esprit de sel), en y ajoutant du tartre cru, et non du sel de tartre purifié. Cette liqueur préparée, on y fait bouillir le cui-vre, et il se trouve parfaitement doré.

Bouillitoire pour mettre le cuivre en belle cou-leur d'or.

On fait chauffer six litres d'eau ; quand elle est prête à bouillir, on y jette 30 gram-mes de rocou, 60 grammes curcuma, 1 gramme safran du Gâtinais, 8 grammes sang de dragon, une pincée d'orpin jaune : faites bouillir le tout un instant, puis, on déroche le cuivre dans une partie d'eau forte et six d'eau commune, on le jette aus-sitôt dans le bouillitoire. En le laissant bouillir un instant, il prend assez de cou-leur pour pouvoir être bruni, on passe les pièces dans l'eau forte avec trois fois autant d'eau et un peu de sel ordinaire. On peut, par le rocou et le sang de dragon, rendre le cuivre plus rouge, ou plus jaune, en ajou-tant le curcuma, le safran et l'orpin à vo-lonté.

Composition d'une eau pour nettoyer l'or, le cuivre et l'argent, à la minute.

On prend 30 grammes acide acétique ;

8 grammes acide de sucre, 30 grammes d'acide sulfurique, le jus d'un demi-citron; on met le tout dans un litre d'eau, avec une couple de pincées de tripoli ou de terre de Gorée; il suffit d'en passer avec un linge sur l'objet à nettoyer, et aussitôt qu'il est sec, on le frotte avec de la peau de chamois; on répète cette opération plusieurs fois, suivant le besoin.

Pour donner un beau poli aux poëles de fer et aux tuyaux.

On nettoie d'abord le poële de toute rouille et poussière, avec une brosse un peu rude, ensuite on prend 125 grammes de mine de plomb en poudre tamisée; on la délaie avec une demi petite bouteille de bon vinaigre; on peint avec cette mixtion tout le poële et les tuyaux, puis on les frotte avec une brosse et de la mine de plomb bien sèche, jusqu'à ce qu'on obtienne un beau lustre; pour entretenir le poële, il suffit d'en agir ainsi une fois tous les quinze jours, et il deviendra de toute beauté; s'il y a de la cuivrerie, vous emploierez l'eau décrite ci-dessus.

Pour donner un beau vernis noir aux poêles.

On prend du vernis copal mêlé de noir de fumée; on passe partout avec un pinceau, et l'on fait du feu afin que le vernis sèche plus promptement et devienne plus dur. Quand la première couche est sèche, on ponce légèrement avec de la ponce pilée et tamisée que l'on mêle avec de l'eau; on lave bien le tuyau; quand il est sec, on passe une autre couche de vernis. On reponce encore cette autre couche comme la première, et on en passe une autre du même vernis sans mettre du noir de fumée dedans : faites du feu peu à peu, et votre vernis deviendra très beau et très solide.

Poudre à graver sur tous les métaux.

Prenez 250 grammes d'alun de roche, autant de vitriol bleu en pierre, calcinez ces deux substances dans un creuset sur le feu, et vous les réduirez en poudre bien fine. Pour en faire usage, on chauffe le métal sur lequel on veut graver; on l'enduit de cire blanche bien également, de manière que l'endroit où l'on veut graver soit garni de cire. On trace dessus ce qu'on veut avec une plume métallique; on mouille cet endroit avecc du fort vinaigre et on met de cette poudre dessus. Au bout de 8 à 10 minutes, la gravure sera faite; si vous changez la poudre et remettez d'autre vinaigre, elle s'incrustera davantage.

Soudure forte pour le cuivre rouge et jaune.

On met dans un creuset huit parties de cuivre jaune et une de zinc; quand le cuivre est fondu, on y met le zinc; on a eu le soin de le faire chauffer avant. Deux minutes après qu'il est fondu, on le jette sur un balai de bouleau que l'on a mis dans une baille pleine d'eau, afin que le cuivre en tombant s'égrène parfaitement et ne brûle pas le balai. On lave bien la soudure.

Soudure tendre pour le cuivre rouge et jaune.

On prend six parties de cuivre en laiton

que l'on met fondre dans un creuset, on y ajoute une partie d'étain, et quand le tout est fondu ; on y met une partie de zinc, en prenant les mêmes précautions qu'à l'autre.

Mordant pour graver sur acier.

On prend quatre parties d'acide pyroligneux le plus fort, une partie d'alcool à 33 degrés ; on mêle bien ensemble, et on ajoute à ce mélange une partie d'acide nitrique, on lave bien la pièce à graver dans une partie alcool et quatre parties d'eau ; on empêche l'action de ce mordant en mettant de l'huile essentielle de térébenthine (un quart d'heure suffit avec ce procédé pour graver profondément.)

Pour ôter promptement la rouille du fer.

Il suffit de la frotter avec du linge mouillé d'huile de tartre.

Pour conserver l'éclat des armes.

On frotte les armes avec de la moelle de cerf, ou bien on détrempe de la poudre d'alun de roche dans du vinaigre le plus fort possible; l'on passe partout avec un chiffon de laine et on l'essuie légèrement.

Procédé pour bien amollir l'acier et le fer.

On fait bouillir des gousses d'ail dans de l'huile de noix jusqu'à consistance d'onguent; on frotte les pièces à attendrir et on en met une couche d'une ligne ; on met la pièce à un feu ardent de charbon de bois et on la laisse éteindre dans la forge.

Pour adoucir toutes sortes de métaux en les fondant.

On prend du mercure sublimé, du borax, du sel ammoniac et de l'euphorbe en parties égales et tamisé fin, que l'on jette dans le creuset; quand la matière est en fusion, il faut avoir le soin de ne pas respirer la fumée qui est très nuisible.

Tremper les outils à travailler le marbre.

Quand on leur a donné la forme voulue, on les fait rougir et on les trempe dans du vinaigre où l'on fait bouillir de la suie, de la cendre d'os brûlé et du prussiate de potasse. Quand le fer est rouge cerise, on passe du suif dessus avant de le tremper.

Moyen de transmuer le fer en cuivre.

Le fer se change aisément en cuivre par le vitriol. On met dans un creuset un lit de vitriol en poudre, un lit de fer de manière à remplir le creuset, ayant soin d'arroser ces lits avec du vinaigre très fort, empreint de salpêtre, de sel alcali et de tartre avec du vert-de-gris.

Préserver le fer de la rouille.

Faites chauffer le fer de manière à ce qu'il ne jaunisse ni ne noircisse; vous le frottez de cire blanche; mettez-le au feu pour faire pénétrer la cire, et vous l'essuirez avec un morceau de laine, et le fer ne rouillera pas.

Pour rendre le fer beau comme l'argent.

Quand on a limé ces pièces, on les fait chauffer rouge cerise et on les plonge dans l'eau où l'on a mis du sel ammoniac en poudre mêlé avec autant de chaux vive, le tout bouilli cinq minutes.

Pour faire le melchior argental.

On met dans un creuset : cuivre, cinquante-cinq parties, nickel vingt-trois parties, zinc dix-sept parties, fer trois parties, et deux parties d'étain ; ce métal imite l'argent.

Manière de bronzer le cuivre.

On prend du vinaigre fort un litre, vert minéral quinze grammes, terre d'ombre quinze grammes, sel ammoniac trente grammes, gomme arabique quinze grammes, grains d'Avignon soixante grammes, sulfate de fer quinze grammes.

On fait fondre les sels et les gommes dans une partie du vinaigre, et on mêle le tout dans un vase solide ; on y ajoute la graine d'Avignon et 92 grammes d'avoine verte, ensuite on fait bouillir le tout un quart d'heure, et on le filtre au papier gris. On l'applique sur la pièce avec une petite

brosse, ayant soin de la tenir toujours hu-
mide; quand le bronze est bien pris partout, on la passe dans l'eau froide, et on
la fait sécher dans la sciure de bois; on
fonce la pièce en mettant dans un verre
d'esprit de vin huit grammes de noir de
fumée.

Autre bronze moins vert.

On prend du vinaigre fort un litre, sel
ammoniac trente grammes, alun quinze
grammes, arsenic huit grammes; on mêle
le tout; quand la dissolution est achevée,
on s'en sert comme ci-dessus.

On peut encore faire un léger bronze en
mettant dissoudre du sel ammoniac dans
le vinaigre, et en s'en servant comme il est
dit plus haut.

○-○

DEUXIÈME PARTIE.

PROCÉDÉS POUR TOUTES SORTES DE MASTICS POUR LES ARTS.

Procédé pour faire le stuc.

L'ouvrier crépit de plâtre ordinaire et rustiquement ; il faut que le mur soit bien dressé ; quelques jours après, il mouille cet enduit, et applique dessus, à l'épaisseur d'une ligne, une couche de pâte faite avec parties égales de chaux vive et de poudre de marbre tamisée bien fin et à sec ; il compose les teintes qui lui plaisent le mieux, ayant soin de n'employer que des couleurs minérales, car les couleurs végétales se décomposeraient ou s'altéreraient par la chaux. Il couvre de mastic la partie qu'il peut terminer dans un jour, et passe dessus la truelle mouillée, par un mouvement qu'il répète en tous sens, et en même temps qu'il comprime pour obtenir un poli plus brillant et plus durable; il doit employer la truelle froide avant de la passer sur le stuc, et il doit mouiller celui-ci, avec un pinceau, d'une eau de savon ordinaire. On ne doit jamais reprendre le lendemain pour finir la pièce; il vaudrait mieux mettre plusieurs ouvriers.

Eau pour nettoyer les marbres promptement.

On met une partie d'acide nitrique avec cinquante parties d'eau, on la passe partout avec une éponge, on l'essuie, on prend un chiffon de laine et de la fleur de soufre bien sèche, ou du noir de fumée, et on le frotte pendant un instant; le marbre reprendra son premier lustre.

Vernis pour le marbre.

On prend du vernis des ébénistes et on y ajoute autant d'esprit de vin; on brasse le

tout un instant, et on le met sur un tampon de laine que l'on garnit d'un linge de
toile fine et propre, en y mettant deux à
trois gouttes d'huile fine; on passe le tampon partout, sans appuyer en commen-
çant; on suit la même manière que les ébénistes pour vernir leurs panneaux de lits ou
d'armoires; aussi nous conseillons à celui
qui n'en a jamais employé, de le faire faire
à un ouvrier ébéniste, qui fera beaucoup
mieux en y passant moins de temps.

Procédé pour broyer le plâtre.

On broie à l'huile siccative de la terre
verte; on en passe sur le plâtre avec un pinceau; quand c'est presque sec, et que ça
happe encore, on prend du bronze moulu
avec les doigts, et on passe sur les parties
saillantes, puis on le vernit à l'esprit de vin

Mastic impénétrable à l'eau.

On fait éteindre de la chaux vive dans du
sang de bœuf au lieu d'eau, et on y mêle de
la brique tamisée jusqu'à consistance de

mortier ; il faut l'employer aussitôt qu'il est fait.

Autre mastic impénétrable à l'eau.

On prend de la colle forte la plus noire possible, que l'on fait dissoudre dans l'eau ; quand elle est bien fondue, on y ajoute parties égales de chaux éteinte et de craie, ou blanc d'Espagne, ou plâtre ; le tout réduit en poudre et tamisé fin ; on l'emploie à chaud, et on a soin de le bien mêler avec un morceau de fer.

Mastic pour conduit en métal.

On fond du suif et on met dedans de la chaux vive en poudre jusqu'à consistance de mortier ; on en met sur de la filasse, et on lie bien autour du tuyau ; ce mastic ne craint pas l'humidité, il est dur comme une pierre.

Mastic résistant à l'eau et au feu.

On fait cailler légèrement du lait avec du vinaigre ; on sépare le caillé à froid, du liquide, et on le mêle aussi bien que possible avec du blanc d'œuf que l'on a bien battu ; on ajoute à ce mélange de la chaux vive en poudre pour en faire une pâte assez dure, et on l'emploie aussitôt ; ce mastic a l'avantage de se mettre au feu sans se fondre, et à l'eau sans en retirer l'humidité ; on peut s'en servir avec avantage pour les marbres des poêles, des cheminées, etc.

Mastic pour rejoindre la porcelaine cassée.

Prenez une tête d'ail bien pilée et écrasez-la soigneusement, pour en faire une espèce de gomme ; on en frotte les morceaux cassés, et on les réunit en les serrant fortement ; on les lie avec du fil de fer, suivant la force de la pièce, et on fait bouillir dans une quantité suffisante de lait pendant une demi-heure ; après cette opération, la porcelaine sera parfaitement recollée, et sans que l'ail qui a servi communique son odeur à ce que l'on peut mettre dedans.

2

Mastic des Mosaïques

On mêle parties égales de pouzzolane de marbre en poudre, de chaux ; le tou[t] bien fin ; on y ajoute de l'huile de lin siccative, et on en fait une pâte que l'on ba[t] comme le mastic de vitrier.

Mastic pour décors en relief.

On fait une pâte en consistance de bouillie avec du carbonate de chaux, de la coll[e] forte et de la pâte de papier ; le tout es[t] passé bien fin dans un tamis, et quand la pâte est bien mélée, on jette en moule ; ell[e] devient, quand elle est séche, plus dure que du bois.

Mastic pour les chaudières en fonte

Fleur de soufre 61 grammes, limaille de fonte 153 gram., sel ammoniac 31 gram. ; on mêle le tout dans un mortier avec un peu d'eau, pour en faire une pâte dure comme le mastic à vitre, et on l'emploie tout de suite.

Mastic pour les chaudières boulonnées.

Limaille de fer 122 grammes, de la terre laise non pyriteuse 61 gram., ciment de tesson (dont nous allons donner la composition) 31 gram.; on délaie le tout parfaitement avec de l'eau saturée de sel; et on l'emploi tout de suite.

Autre mastic résistant à l'eau.

Prenez résine sèche 2 kilogr. 1/2, cire jaune 5 hectog., ocre rouge 5 hectog.; on fait sécher l'ocre afin d'ôter l'humidité, on la met quand la résine est fondue, peu à peu, en la remuant bien; on emploie ce mastic à chaud.

Mastic de fontainier.

Résine privée d'eau (ou arcanson) 5 hectog., ciment de brique tamisé fin 1 kilog.; on mêle le tout ensemble à chaud, et on l'emploie de même.

Autre mastic pour tuyaux.

Huile de lin cuite avec de l'oxide de plomb....................... 5 hectog.

Poussière de porcelaine ou de grès tamisé....................... 5 hectog.

Ciment de Tesson............... 5 hectog.

On fait de tout cela une pâte dure que l'on emploie tout de suite pour garnir les joints de tuyaux ; elle devient, quand elle est séche, dure comme rocher.

Ciment de Tesson.

Résine jaune quarante-neuf parties ; sable pur trente-sept parties ; oxide de fer sept parties ; chaux vive en poudre trois parties ; quand la cire est fondue, on ajoute, on met les poudres dedans en mêlant bien ; il s'emploie à chaud.

Ciment colle pour coller le verre et la porcelaine.

On dissout de la gomme arabique dans le moins d'eau possible ; on la délaie ensuite dans de l'eau-de-vie ou esprit de vin que l'on ajoute à mesure qu'il s'évapore, en l'épaississant avec du gypse, et on ajoute de la gomme ammoniaque, ayant soin de bien mêler le tout; on l'emploie à chaud ayant soin de faire chauffer l'objet cassé dans l'eau; on l'essuie et on ajuste parfaitement les morceaux; on trempe alors l'objet collé dans l'eau froide, et il est solide aussitôt.

Ciment pour luter.

On fait une pâte assez claire avec des blancs d'œufs bien battus et de la farine tamisée; on y ajoute un peu de sang dragon et de la croute de fromage de Hollande sèche et mise en poudre; on enduit des bandes de papier de ce mastic, et on lutte parfaitement avec.

Ciment animal.

Du blanc d'œuf battu, mêlé avec de la chaux vive en poudre et de la craie calcinée au feu, font un bon ciment pour boucher les fentes, trous de vases en terre qui vont journellement au feu et à l'eau.

TROISIÈME PARTIE.

PROCÉDÉS QUI SONT RELATIFS AUX HORLOGERS ET BIJOUTIETS POUR DORER ET ARGENTER TOUS LES MÉTAUX.

Pour dorer le fer et l'acier.

On verse une solution d'or dans de l'acide nitromuriatique (eau régale), environ le double d'éther on fait ce mélange dans un grand vase en prenant beaucoup de précautions; on secoue ces deux mélanges; aussitôt qu'il est en repos, on voit l'éther se séparer de l'eau régale et flotter à la surface; l'acide se décolore et l'éther prend la couleur, parce qu'il enlève l'or à l'acide; on verse les deux liqueurs dans un entonnoir en verre, donc le bec doit être très fin,

on le bouche jusqu'à ce que les deux liquides soient dedans et bien séparés, on dé-
bouche le trou de l'entonnoir; l'acide plus
lourd passe aussitôt, on bouche et il reste
l'or dans l'éther, on le met dans une fiole
pour servir au besoin ; on polit le fer ou l'a-
cier avec de l'émeri le plus fin possible ;
ou plutôt du rouge d'Angleterre délayé
dans de l'eau-de-vie, on l'essuie, et on passe
avec un pinceau fin l'éther que l'on a soin
de remuer ; il s'évapore aussitôt, et l'or demeure sur la pièce ; on la chauffe doucement, et on la brunit.

*Préparation de la meilleure eau régale pour
dorer et argenter.*

Faites fondre dans une quantité suffisante d'acide nitreux, autant de sel ammoniac qu'il pourra en dissoudre à froid et
même dans un lieu frais ; mettez dans cet
acide l'or en limaille ou en feuille ; mettez
le vase dans un endroit chaud jusqu'à parfaite dissolution, et il prend une couleur
jaune d'or ; il teint en couleur pourpre la
peau des animaux.

Autre préparation qui remplace l'éther pour dorer.

On emploie de l'essence de térébenthine ou de lavande, ou romarin, toutes ces huiles essentielles ont la propriété d'enlever l'or à l'acide nitro-muriatique; on l'emploie de la même manière que ci-dessus; en remplaçant l'éther par une de ces huiles.

Eau pour dorer le fer et l'acier quand ils sont polis.

Prenez 214 grammes d'orpiment, de la terra merita 47 grammes, de la gomme gemme 107 grammes, de l'aloës sucotrin 137 grammes ; il faut réduire le tout en poudre, le mettre dans des cornues, et y ajouter de l'eau seconde qui surpasse de deux doigts la poudre; on remue le tout; on laisse infuser vingt-quatre heures et on distille; on garde cette distillation bien bouchée; on l'applique sur le fer et l'acier avec une brosse, et on laisse sécher les pièces à l'ombre.

Recette pour composer de la poudre d'or et d'argent pour tous les métaux.

Prenez des feuilles d'or ou d'argent, broyez-les bien avec du miel sur un marbre; de manière à former une pâte dure; délayez cette pâte dans un grand verre d'eau, mêlez le tout et laissez reposer l'or ou l'argent; décantez-la, et faites cette opération trois à quatres fois, jusqu'a ce que vous jugiez qu'il ne reste plus de miel; quand l'or est bien dépouillé de l'eau mettez dessus acide nitrique, autant que vous avez d'or ou d'argent, faites chauffer le tout; lavez-le de nouveau dans plusieurs eaux, après quoi vous faites sécher votre poudre.

Quand on veut dorer ou argenter un métal quelconque, on le polit avec de l'acide nitrique mélangé d'eau; on l'essuie avec une peau chamoisée, on mouille l'or ou l'argent, et on en frotte bien le métal.

Dorer l'argent de la manière la plus parfaite.

Prenez du safran de Vénus, du vinaigre;

ajoutez-y du vif argent, et faites bouillir le tout jusqu'à consistance d'une pâte ; frottez-en l'argent que vous voulez dorer ; il deviendra d'une couleur d'or rougeâtre, ce qui n'arrive pas quand on le fait avec du vif argent seulement, car la dorure est pâle ; on peut dorer sur cette pâte avec des feuilles d'or, au lieu que sans cela il faudrait qu'il fut broyé ; elle fait paraître la dorure forte et d'une couleur bien foncée.

Pour donner à l'or une couleur foncée.

Prenez 5 hectog. cire blanche, 45 gram. safran, du sel ammoniac, du vert de terre fin, et de l'alun, de chacun 30 grammes ; 15 gramm. craie rouge, du safran de mars et de la tutie, de chacun 12 grammes, et deux drachmes de salpêtre ; on mêle le tout ensemble, et après l'avoir pulvérisé et tamisé, on y verse la cire toute chaude, en remuant bien le mélange ; on en met une légère couche sur le métal que l'on veut foncer, et l'on fait recuire la pièce ; cette composition étant fondue, on essuie bien

la pièce, elle donne une couleur admirable
à l'or.

Eau qui dore le cuivre et l'airain en le trem-
pant seulement.

Prenez vitriol vert et sel ammoniac en
parties égales ; dissolvez-les dans du vinaigre distillé ; laissez évaporer le vinaigre ;
mettez à la cornue pour distiller, et conser-
vez la liqueur provenant de la distillation ;
éteignez dans cette liqueur le cuivre ou l'airain bien poli, il en sortira d'une belle couleur d'or.

Procédé pour dorer l'étain, plomb, fer-
blanc, etc.

Prenez poix de résine 1 kilog ; huile de
térébenthine 125 grammes, et un peu de
résine ; fondez le tout par un feu doux,
pour en faire un vernis que vous appliquez
avec un pinceau ; on y applique aussitôt
les feuilles d'or ou d'argent qui s'y attachent
très solidement.

Dorure à chaud et au ponce, pour le fer et le
cuivre.

On racle le fer ou cuivre bien légèrement ;

on le met chauffer jusqu'à ce qu'il soit d'un bleu bien léger, on applique l'or en feuilles, et on ravale légèrement avec un brunissoire; on remet sur le feu, et l'on renouvelle cette opération trois ou quatre fois, suivant la dorure que l'on veut obtenir, et on brunit bien quand la pièce est froide.

Dorure à froid et au ponce, pour le fer et le cuivre.

On met 3 grammes d'or bien fin dissoudre avec 650 milligr. beau cuivre rosette dans 64 grammes d'eau régale; quand la dissolution est terminée, on la jette sur de vieux chiffons blancs et propres; on les laisse sécher dans un plat; on met le feu : il faut éviter d'allumer avec du soufre; quand ils sont réduits en cendre, on s'en sert comme il suit :

Quand on a préparé sa pièce à recevoir l'or, on prend un bouchon que l'on mouille légèrement, et que l'on trompe dans la poudre; on frotte la pièce jusqu'à ce qu'elle soit assez couverte d'or, et on brunit les grandes pièces au brunissoire de sanguine, et les petites à celui d'acier ; on prend légèrement de l'eau de savon pour mieux l'adoucir.

Pour écrire ou dessiner en or sur les métaux.

On prend de la dissolution d'or avec l'éther donné pour dorer le fer et l'acier, avec une plume ou pinceau ; avec cette solution, on chauffe légèrement, et on brunit ; on peut dessiner d'avance le sujet ou les lettres, car il faut passer promptement l'or, afin qu'il ne sèche pas dans la plume ou le pinceau.

Pour dorer le cuivre en le mettant chauffer.

On mêle ensemble une partie de zinc, douze de mercure, et on le jette dans l'acide muriatique ; on ajoute, quand ce mélange est fondu, des feuilles d'or autant que l'acide peut en dissoudre, et du tartrate acidulé de potasse ; on nettoie sa pièce à dorer dans de l'eau seconde, et on la laisse bouillir un instant ; on peut la brunir.

Préparation pour faire l'argent musif pour blanchir avec ou sans argent.

On fait fondre dans une cuillère de fer 23 gram. étain de Malaca, ou bien pure ; quand il est fondu, on y ajoute 23 grammes de bismuth, que l'on remue bien avec un fil de fer ; on l'ôte du feu, et on y ajoute 23 grammes de mercure en le remuant continuellement pour ne pas respirer la vapeur ; quand c'est bien mêlé, on jette la matière sur un marbre ; quand elle est froide, on la pile, on la tamise bien fin, on en mêle avec quatre fois autant de blanc d'espagne bien sec et passé au tamis ; on frotte les pièces à blanchir avec un morceau de drap à sec.

Cette argenture ne dure pas longtemps.

Argenter le papier, carton, bois, plâtre, avec l'argent musif.

On met de la poudre d'argent musif sous le blanc d'Espagne, avec des blancs d'œufs bien battus et reposés, ou du vernis clair et peu épais, ou encore avec de l'esprit de vin ; on l'applique facilement au pinceau , et quand il est sec on le brunit, on le polit.

Blanchir des pièces de laiton sans argent.

On remplit un vase en fer aux trois quarts d'eau ; on ajoute 31 grammes crême de tartre par 750 grammes d'eau ; quand le tout a bouilli , que le tartre est fondu , on y met de l'étain de Malaca ou Branca , laminé ou en ruban , de manière à ce qu'il se dissolve promptement, et au bout d'un quart d'heure d'ébullition , on y met ses pièces à blanchir que l'on a découpées à l'eau seconde et essuyées auparavant ; on laisse ces pièces jusqu'à ce qu'elles soient blanchies ; à mesure que l'eau s'évapore, on en remet d'autres avec de la crême de tartre, car le blanchîment ne durerait pas longtemps ; cette eau sert très-longtemps quand on a le soin de l'alimenter.

Procédé pour faire diverses poudres métalliques pour dorer le cuivre connu sous le nom d'or musif.

On met fondre dans une cuillère en fer

sept parties d'étain fin ; quand c'est fondu , on ajoute 214 grammes de mercure , ayant soin de se garantir de la fumée ; quand le métal est froid , on le triture dans un mortier avec 153 grammes de fleur de soufre , 92 grammes de sel ammoniac ; on place ce mélange dans un creuset évasé et assez grand pour que la matière n'aille qu'au tiers ; on met une couverture dans le creuset (il faut qu'elle descende à 3 centimètres de la matière) , et une autre couverture au-dessus qui bouche parfaitement et qu'on lute avec de l'argile. Le creuset ainsi disposé, on le met dans un creuset beaucoup plus grand que l'on remplit de sable de toutes parts , afin qu'il soit au milieu de l'autre, on le met sur un feu doux que l'on chauffe avec précaution pour ne pas brûler ; le feu doit durer de douze à quinze heures, s'il n'est pas trop forcé ; au bout de ce temps, on laisse reposer, et quand c'est froid, on le pile et tamise bien fin. On conserve dans des bouteilles bien bouchées à l'émeri.

Procédé pour dorer le cuivre à l'or musif.

On prend une partie d'or musif, six parties d'os calcinés et réduits en poudre fine et tamisée, et on en frotte les pièces préparées à l'eau seconde, avec un morceau de toile légèrement imbibé d'eau ; on l'essuie avec un linge bien sec et on le polit à la dent de loup.

Procédé pour bien argenter le cuivre.

On dissout dans de l'acide nitrique de l'argent fin, en employant le moins d'acide possible ; si celui-ci est pur, il ne reste rien ; si au contraire il contient, comme il arrive souvent, de l'acide hydrochlorique, il se fait un précipité blanc grumelé comme du lait caillé ; on y verse une dissolution claire de sel marin dans l'eau, jusqu ce qu'il ne se produise plus de précipité ; on le lave bien à plusieurs fois avec de l'eau que l'on sépare chaque fois que le précipité est bien déposé.

Pour 10 grammes d'argent, on mêle le chlorure obtenu à 633 grammes de sel marin blanc, 20 grammes de sel ammoniac, 80 gramm. de sel de verre, 20 grammes sel de nitre, deux grammes arsenic blanc, 80 grammes de crême de tartre.

On blanchit les pièces à argenter en les passant dans l'eau forte; quand elles ont pris une belle teinte doré, on jette dans de l'eau bouillante une petite quantité du mélange, et on y plonge les pièces à argenter qui se couvrent d'une couche d'argent très-brillante, et on sèche aussitôt.

Autre formule pour argenter.

Pour 10 grammes d'argent, 332 grammes de crême de tartre, 80 grammes de sel de verre, 80 grammes de sulfate de zinc ou vitriol blanc, 333 grammes de sel blanc, 10 grammes de sel ammoniac. On mêle bien toutes ces substances et on en fait avec de l'eau une pâte au moyen de laquelle on frotte les pièces à blanchir.

Autre procédé plus simple pour bien argenter le cuivre.

On prend 10 grammes de précipité d'argent, 6 grammes de sel de tartre, 6 grammes de sel blanc, le tout en poudre fine ; on y ajoute une très-petite quantité de sulfate de fer, et on frotte avec ce mélange la pièce à argenter que l'on a humectée auparavant avec un peu d'eau, puis on la sèche avec un morceau de laine : il faut bien laver la pièce avant de l'essuyer.

Autre manière.

Quand l'argent est fondu dans l'acide, si on plonge une lame de cuivre, l'argent se précipite tout de suite en poudre brillante ; on le lave bien, on le fait sécher ; il sert dans les compositions suivantes :

On prend 1 gramme de cet argent précipité ; 8 grammes de crême de tartre ; 8 grammes de sel blanc et deux décigrammes d'alun ; le tout en poudre fine tamisée ; on frotte avec un linge mouillé une portion de cette poudre sur le métal, et on opère de la même manière pour le mélange suivant.

On broie dans un mortier qui ne soit pas de cuivre une partie de feuilles d'étain

comme celles que l'on emploie pour l'éta-
mage de glaces, avec deux parties de mercure; on y mêle bien peu à peu une partie
d argent précipité et bien lavé, et on y ajoute
cinq à six parties d'or calciné en poudre
fine.

Procédé pour argenter l'ivoire.

On laisse tremper l'ivoire dans une dissolution faible de nitrate d'argent; l'ivoire
se colore peu à peu en jaune; on le tire
alors et on le plonge dans de l'eau bien pure
et on expose le vase au soleil dont l'action
rend l'ivoire noir au bout de quelques heures; en le frottant, il devient très-brillant.
Il faut user avec beaucoup de précautions
de nitrate d'argent, car c'est un violent poi-
son. L'ivoire, par ce procédé, est argenté
d'une manière fort solide.

Argenter les rubans.

On dessine le ruban en se servant de pinceau ou plume neuve, dans du nitrate d'argent dans lequel on a mis un peu de gomme,

afin que ce ne soit pas si coulant. On laisse sécher quelques instants, et on place l'endroit où l'on dessine au dessus d'un vase dans lequel on a mis du zinc et de l'eau et un peu d'acide sulfurique; après un instant, l'argent se réduit et adhère fortement à l'étoffe.

QUATRIÈME PARTIE.

DIVERS SECRETS POUR L'UTILITÉ ET L'AGRÉMENT GÉNÉRAL.

Faire des briquets sulfuriques.

On met dans une petite bouteille de l'amiante, et on la couvre seulement avec de l'acide sulfurique (huile de vitriol). On a le soin de la boucher, quand l'allumette est retirée.

Mettre en état les vieux briquets.

On retire l'amiante de la bouteille et on le met rougir sur une pelle, afin que l'acide soit entièrement évaporé , et on remet dessus quelques gouttes d'acide pour l'humecter seulement.

*Faire les allumettes oxigénées et parfumées
pour les briquets.*

Fleurs de soufre lavé 743 milligrammes; benjoin, 743 milligrammes; sucre pulvérisé, 478 milligrammes; muriate de potasse suroxigénée 4 grammes; on mêle le tout ensemble dans un mortier de marbre, et on y ajoute le muriate de potasse, ayant soin de ne pas trop le frotter dans le marbre, car il ferait explosion; on imbibe le tout de gomme adragante très-claire, et on y trempe les allumettes.

Faire le mercure fulminant.

Prenez 31 grammes de mercure, 367 grammes d'acide nitrique; faites fondre le tout sur un feu doux, dans un vase de terre; après qu'il est fondu, laissez le refroidir et ajoutez-y 122 grammes esprit de vin à 36 degrés; remettez ce mélange sur le feu, et laissez-le chauffer jusqu'à ce qu'il fermente; retirez-le ensuite et faites-le filtrer par-dessus un entonnoir de verre, et faites sécher le résidu qui sera le mercure fulminant : l'eau qui en sort a la propriété de teindre les cheveux en noir. Nous avons donné ce procédé à l'art du parfumeur.

Papier sur lequel on écrit avec de l'eau.

Il suffit de mettre du papier ordinaire dans une solution de sulfate de fer pendant un instant ; on le fait sécher sur des fils ; quand il est sec, on le couvre de poudre de noix de Galle très-fine, à l'aide d'un tampon de coton dans lequel on met la poudre ; on ébarbe ce papier, on le met à la presse ; on le modifie, en le passant, quand il est sec, à une faible dissolution de gomme, et on le couvre de la poudre quand la gomme est sèche.

Reconnaître un jonc factice d'un naturel.

Il suffit de frotter fortement le jonc dont on doute avec un morceau de drap, afin de l'échauffer ; s'il a été verni, l'odeur des résines se répandra par l'échauffement ; il n'aura aucune odeur s'il est naturel.

ierre de touche économique, se trouvant dans toutes les maisons, pour reconnaître l'or faux du vrai.

Prenez une pierre à feu ; frottez dessus 'objet qu'il vous importe de connaître; lorsque l'empreinte métallique est suffisamment marquée, enflammez une allumette bien soufrée; approchez de la flamme le plus près possible l'endroit frotté; si le méal n'est pas d'or, l'empreinte disparaît aussitôt.

Désinfecter les lieux d'aisance.

L'efficacité des chlorures est incontestable pour l'assainissement des fosses d'aisance.

La chaux vive délayée en bouillie claire et bien agitée, jetée aussitôt dedans, suffit à leur désinfection, ou mieux encore on met dans 15 litres d'eau un demi-kilog de chlorure de chaux, on remue bien et on le jette aussitôt.

Pour écrire sur la graisse et faire couler l'encre.

Prenez un fiel de bœuf que vous pique-

3

rez et mettrez dans un pot avec une poignée de sel et un peu de vinaigre ; remuez bien le tout, et par ce moyen le fiel se gardera un an sans se corrompre ; il suffit d'en mettre une goutte bien mêlée dans un encrier pour pouvoir écrire sur un papier gras.

Encre en poudre très-commode pour le voyage.

On prend une partie de noir de résine, une partie de charbon, noyaux de pêches ou abricots, vitriol et noix de galle une partie, et deux parties de gomme arabique. On réduit le tout en poudre et tamisé bien fin, on mêle ; on écrit avec de l'eau ou autre liquide, et on passe cette poudre sur l'écriture, qui devient aussitôt d'un beau noir.

Encre d'or.

On broie des feuilles d'or en livret avec du miel, à en faire une pâte parfaitement liée ; on la met dans un verre d'eau pour faire dissoudre le miel, on la change deux ou trois fois, jusqu'à ce qu'il n'en reste plus ; on décante alors l'eau, et l'or reste en poudre parfaitement pure ; on fait fondre de la gomme arabique dans de l'eau, on y met la poudre d'or que l'on mêle parfaitement en consistance d'encre ordinaire et on s'en sert comme d'habitude.

Remédier à la crudité d'une eau de puits.

On la fait bouillir fortement pendant une heure ; on la laisse refroidir, et on la transvase doucement pour la séparer du sédiment, qui sera précipité au fond ; au moyen de ce simple procédé elle deviendra très-douce pour lui faire prendre le savon, et pour la lessive. Si l'on voulait en boire, il faudrait l'agiter souvent, la filtrer et l'exposer à l'air pendant quelques jours.

Conserver les chaussures et les rendre imperméables à l'eau.

Prenez du saindoux, de la cire et du miel, 31 grammes de chacun ; faites-les fondre sur un feu doux ; mêlez-y ensuite

15 grammes de térébenthine, enduisez les chaussures après les avoir échauffées près du feu; répétez cette opération plusieurs fois en l'approchant de la chaleur, afin que le cuir soit bien impreigné de cette composition; quand elle est *sèche*, aucune humidité n'y pénétrera.

Pour enlever l'odeur désagréable des appartements nouvellement peints.

Placez dans chaque appartement trois ou quatre baquets d'eau; vous versez dans chacun 31 grammes d'acide vitriolique; cette eau absorbera les émanations de la peinture en trois jours. si vous avez eu le soin de la renouveler chaque jour.

Débarrasser une chambre de cousins.

Après avoir fermé les fenêtres, mettez-y, une heure avant d'y aller coucher, une lanterne de verre allumée que vous aurez frottée au dehors avec du miel délayé dans du vin ou de l'eau de rose; ce miel attire les cousins, et ils s'y attrappent de manière à ne pouvoir se débarrasser.

Pour faire périr les mouches des lieux d'aisance.

Il faut leur préparer le mets suivant dont elles sont très avides : on fait dissoudre deux drachmes d'extrait de cassia dans une demi-bouteille d'eau bouillante ; on y ajoute une petite quantité de miel ou sirop. On verse ce mélange sur une assiette, et on le met dans les lieux, ou bien on met dans une assiette du lait, du sucre et du poivre moulu bien fin ; aussitôt qu'elles en mangent, elles trouvent une mort prompte au bout de quelque temps qu'elles sont rassemblées aux assiettes ; on met du soufre dans une assiette, on l'allume et on le porte dans les lieux, ayant soin de bien fermer tout, afin qu'elles ne puissent sortir ; il n'en est aucune qui puisse résister à cela. On peut le faire une couple de fois, afin de tout détruire, et vous vous en trouverez délivré promptement.

Moyen de colorer une vieille chaîne d'or et de la rendre comme neuve.

Prenez de l'urine, faites-y dissoudre du

sel ammoniac, et faites bouillir dans cette composition la chaîne d'or ; elle reprendra une couleur vive et brillante.

Moyen de nettoyer l'or et l'argent des étoffes, broderies, galons, etc.

On fait chaufferde l'esprit de vin au bain-marie ; on trempe une vergette dedans, et on bat bien les broderies ou galons ; de tous les liquides l'esprit de vin est le meilleur ; il blanchit parfaitement, n'use pas les galons et n'endommage pas la soie comme le ferait l'eau de savon, ou poudre à blanchir, ou brossage, etc.

Pour faire reparaître une écriture presque effacée, sur des actes, des polices, etc.

Dans une demi-bouteille de bon vin blanc, on met deux noix de galle cassées grossièrement, avec deux oignons blancs dont on a ôté la grosse enveloppe après la peau ; on laisse bouillir le tout une heure, on presse bien les oignons que l'on a coupés par tranches minces, et on filtre à travers un linge. On conserve la liqueur dans une bouteille bien bouchée pour s'en servir, on en fait chauffer dans une cuiller à la flamme d'une chandelle; on imbibe un petit linge; on en passe partout où l'écriture ne parait pas, et l'on présente le papier au feu; aussitôt les traits paraîtront. Si la liqueur est assez forte, quand elle est froide elle doit avoir la couleur du sirop d'orgeat.

Baromètre chimique pour informer du changement de temps.

Prenez 4 grammes de salpêtre, 12 gram. de camphre, 4 gram. de sel ammoniac, 122 grammes d'esprit de vin à 36 degrés; mettez le tout dans un flacon ouvert; quand le temps est beau, la composition est limpide, et quand le temps veut changer, la composition devient trouble.

Procédé chimique pour se réveiller à l'heure que l'on désire; la chandelle s'allume à l'heure demandée, et une sonnette vous réveille.

Prenez 2 litres de vinaigre, 245 grammes de sel de Saturne , plongez dedans une corde de la grosseur du petit doigt ; faites bouillir un quart d'heure , et laissez sécher la corde ; on place une sonnette avec un ressort attaché à une ficelle bien tendue ; au-dessous on place une bougie , et l'on attache la corde préparée , dans une longueur d'autant de pouces que l'on veut qu'elle dure d'heures. L'extrémité de la corde préparée doit donner sur la bougie au bout de laquelle on a mis un peu de soufre. Quand la corde préparée est consumée, le soufre prend feu, la bougie allume la petite ficelle qui tient le ressort, laquelle en se rompant fait retentir la sonnette qui vous réveille. Avant de se coucher on a eu le soin de mettre le feu à l'extrémité opposée de la corde préparée qui sert de mêche.

Encre pour marquer le linge.

Prenez 31 grammes de sous-carbonate de potasse fondu dans 15 grammes d'eau bouillante ; ajoutez 45 grammes de rognures de peau de veau coupées par petits morceaux, et 3 grammes de fleur de soufre; faites bouillir le tout dans une cuillère en fer, jusqu'à ce qu'il soit sec; ensuite faites réchauffer vivement jusqu'à ce qu'il soit rouge; après on ajoute un peu d'eau pour le rendre liquide.

Faire d'excellente cire à cacheter.

On prend 122 grammes de gomme laque, 122 grammes de térébentine, 31 grammes de blanc d'Espagne, 31 grammes carmin chinois, 8 grammes de benjoin. On met fondre le tout ensemble et on en fait des bâtons ordinaires.

Procédé pour blanchir la paille.

Comme elle est de diverses nuances plus ou moins foncées, on commence à la blanchir pour lui donner une couleur uniforme; à cet effet on l'étend dans un endroit soigneusement fermé, au milieu duquel on allume du soufre. Vingt-quatre heures suffisent pour la bien blanchir, pour la rendre souple sans la tacher ; on la met par couche entre deux grosses toiles mouillées ; on la laisse trois ou quatre heures ; au bout de ce temps elle est suffisamment humectée.

Produire des flammes sans feu.

On verse ensemble, dans une terrine de terre, un grand verre d'huile de térébenthine et égale quantité d'acide nitrique fumant.

Préparation du taffetas dit anglais.

On met 31 grammes colle de poisson dans 61 grammes de vinaigre ; après que la colle est bien fondue, on la fait bouillir jusqu'à réduction de moitié ; ensuite on y met 30 gouttes d'essence de girofle ; on enduit le taffetas avec un pinceau, de trois à quatre couches de ce mélange.

Pour faire de l'encre paraissant et disparaissant à volonté.

Prenez infusion de noix de galles que vous filtrerez à travers un papier gris, et écrivez avec. Si vous voulez que l'écriture paraisse, frottez le papier avec une infusion de vitriol; pour l'effacer et rendre le papier blanc, vous le frotterez avec de l'esprit de vitriol; pour la faire revenir, frottez avec de l'huile de tartre, et ainsi de suite à l'infini.

Recette pour faire de bonne encre.

On prend 500 grammes sulfate de fer, 1,500 grammes noix de galle pilée grossièrement, 6 kilogrammes d'eau; 1 kilogram. bois de campêche, 31 grammes gomme arabique, 15 grammes d'indigo, 1 kilog. de vinaigre, le tout bouilli pendant deux heures. Pressez et filtrez; on met en bouteilles bien bouchées.

Pour faire le racahout des Arabes, si renommé pour les personnes faibles.

On fait une bouillie de fécule de pommes dans laquelle on met un quart de chocolat à la vanille première qualité ou on le met en poudre mêlé avec la fécule.

Faire un arbre de Diane.

Mettez dans une grande carafe de verre

blanc, ou plutôt de globe à poisson ; 2 litres d'eau et 61 grammes de sel de Saturne ; on le remue bien, afin de faire fondre le sel ; l'eau deviendra blanche comme du lait. On la filtre alors au papier gris, elle devient très-transparente et sans couleur. On la met dans le bocal de verre et on forme avec du fil de laiton plusieurs cintres, arbres ou portiques en laissant plusieurs bouts de laiton où l'on a mis à chacun gros comme une noisette de zinc attaché.

Ayant forme avec le fil ce qui a pu le mieux vous plaire, on réunit tous les bouts et on les passe dans un bouchon qui ferme bien juste l'ouverture du bocal ; il faut alors que, le bocal fermé, les boules de zinc soient un pouce dans l'eau, et aussitôt vous voyez le zinc qui travaille, formant divers rameaux de toute beauté. Plus il demeure de temps, plus il devient beau.

Préparation pour les toiles imperméables.

Prenez 1 litre d'huile de lin cuite et 125 grammes de résine élastique ; on les fait bouillir doucement pendant deux heures ; quand la résine et fondue, on y ajoute 3 autres litres d'huile cuite, 500 grammes de poix de résine, 500 grammes de cire jaune, et 500 grammes de litharge. On fait bouillir le tout ensemble jusqu'a ce que ce soit bien entre-mêlé ; tandis que le liquide est encore chaud, on enduit la toile ; elle reste flexible, très solide et imperméable.

Pour enlever des taches d'encre, de rouille sur bois et sur le papier.

On prend de l'acide muriatique étendu de cinq à six fois son poids d'eau, on lave l'endroit taché pendant une ou deux minutes, et on répète l'opération jusqu'à ce que la tache ait disparu. Une solution d'acide oxalique tartreux ou citrique, s'emploie sans le moindre danger, parce que ce sont des acides végétaux ; ils n'enlèvent pas l'encre d'impression, car elle est grasse, mais toutes les autres taches se trouvant sur le papier ne peuvent y résister.

Pour empêcher que les verres à quinquet ne cassent au feu.

Il suffit de couper le bas du verre avec un diamant, d'une longueur de 18 ou 20 millimètres.

Moyen de se procurer de l'alcool bien rectifié pour diverses opérations indiquées dans notre livre.

On prend de la potasse bien desséchée; on la verse sur l'esprit de vin; l'alcali s'unira à l'eau, et l'esprit de vin, plus pur, surnagera; on le décante alors, et l'on répète l'opération jusqu'à ce que la potasse que l'on met dans l'esprit de vin ne sorte plus humectée; il devient très pur par ce moyen, mais il se colore un peu; il faut le distiller dans une cornue et n'en retirer que les quatre premiers cinquièmes, qui seront parfaitement rectifiés.

Eau conservatrice pour les oiseaux empaillés.

On prend seize parties d'eau, quatre parties de chlorure de chaux, sulfate d'alumine de potasse, deux parties; salpêtre ou nitrate de potasse une partie, le tout mêlé ensemble ; on en passe avec un pinceau dans l'intérieur des oiseaux à conserver.

Faire d'excellents bichofs d'oranges.

On prend trois verres de lait bouilli, un verre de kirsch-wasser, 92 grammes de sucre, des rouelles d'oranges sans écorce ; on fait bouillir le tout quelques minutes.

Procédé pour faire une glaciére de ménage.

On prend une futaille, vieille ou neuve ; on la fait bien relier ; au fond de cette futaille égalisez deux à trois pouces de charbon en poudre ; dans cette première futaille mettez-en une autre moitié de capacité, de manière à pouvoir mettre tout autour de -de cette seconde futaille 60 ou 80 millim. de charbon comme le fond de la grande futaille ; cette seconde futaille intérieure doit être de 80 millim. moins haute que celle dans laquelle elle est, afin de pouvoir y mettre un couvercle ; ce couvercle doit être de 15 millim. d'épaisseur. On fait deux fonds pareils, l'un des deux seulement qui ait un trou de 54 millim de diamètre; attachez ces deux fonds avec des taquets qui aient 54 millim. de hauteur, afin de tenir ces deux fonds à cette distance ; achevez ensuite l'assemblage en clouant au pourtour une bande de fer-blanc ou de zinc de 108 millim., de manière à ce que cette feuille faisant saillie de 27 millim. sur l'une des faces du fond, puisse par cela entrer 27 mill. dans la poussière de charbon et s'opposer plus facilement à la communication de l'air extérieur. Vous aurez le soin de mettre la saillie de ferblanc du côté où le fond n'a pas été percé ; cette ouverture est destinée à l'introduction du charbon en poudre dans l'intérieur de ce couvercle, et, ce but rempli, un bouchon de bois formant saillie servira de poignée pour ouvrir et fermer cette glacière de ménage.

Moyen de faire la limonade gazeuse en paquets.

Prenez 31 grammes de sucre, 4 grammes

bicarbonate de soude; ces deux substances étant pilées ensemble et conservées dans du papier, quand on veut faire de la limonade, on prend 4 grammes d'acide tartarique en poudre; on mêle le tout ensemble, et on en met la moitié dans un grand verre d'eau. Aussitôt on mêle avec une cuillère; ça devient bien mousseux; c'est dans ce moment qu'il faut la prendre. Quand la mousse est passée, ça ne produit pas le même effet; en place du sucre, on peut mettre du sirop de limon, de groseilles, de framboises, etc.

Procédé pour faire le café de santé.

On fait griller des parties égales de riz, d'orge, de seigle et d'amandes, toutes séparément; on le réduit en poudre dans un moulin, et on en met une cuillerée dans une tasse assez grande. On lui laisse prendre deux ou trois bouillons; on le tire au clair, on met le sucre et de la fleur d'oranger.

Pour rendre l'eau de mer douce et bonne à boire.

Il faut mettre vingt gallons d'eau de mer dans un alambic avec 183 grammes de lapis infernalis, pareille quantité d'os calcinés réduits en poudre; au bout de deux heures et demie, vous aurez retiré de l'alambic quinze gallons d'eau parfaitement douce et saine. Cette proportion d'ingrédient suffit dans les mers septentrionales; mais dans quelques parties de la mer Méditerrannée et des Indes, où l'eau est plus bitumeuse et plus salée, il faut y ajouter en plus 92 grammes d'os calcinés, autant de pierre infernale, ayant soin de ne pas laisser l'eau dans les vases où a séjourné la pierre infernale.

Pour blanchir l'albâtre et le marbre blanc.

Prenez de la pierre ponce en poudre subtile; infusez dans du verjus pendant douze heures; on en mouille avec une éponge l'albâtre ou le marbre; il se blanchira parfaitement. On a soin de bien le frotter et de l'essuyer.

Pour graver le verre ou le polir en y laissant des ornements qui restent polis, et pour le percer.

On dessine avec une pointe ou plume métallique des ornements quelconques avec une matière quelconque, et l'on plonge le verre dans un bassin en plomb, où l'on met de l'acide fluorique qui ronge aussitôt le verre où il n'est pas resté de matière grasse. On le perce facilement avec un forêt ordinaire et de l'émeri, en l'arrosant avec de l'essence de térébenthine.

Procédé très prompt pour ôter des carreaux des vieilles croisées, sans les démonter ni les casser.

On met de l'acide sulfurique dans une fiole ; on la bouche bien et on perce le bouchon d'un petit trou ; on répend de cet acide sur le mastic qui devient mou aussitôt et devient par ce moyen facile à enlever au couteau.

Moyen d'apprécier la qualité de la colle forte.

On prend 61 grammes de colle forte dans un vase contenant 2 kilogrammes d'eau de puits nouvellement tirée ; on met ce vase à la cave pendant douze heures ; si dans cet intervalle elle est fondue, elle ne vaut rien ; si elle est entière, on la pèse ; si elle pèse 122 grammes ou le double de son poids, elle est bonne ; si elle pèse le double, meilleure ; et enfin de première qualité, elle doit peser 306 grammes.

Composition de cire excellente pour polir les meubles, qui paraîtront être vernis.

On met sur un feu doux 306 grammes d'eau de rivière, 8 grammes de sel alcali fixe de tartre, et 21 grammes de cire blanche coupée menu ; on remue bien jusqu'à ce qu'il soit fondu ; elle ressemble alors à une eau de savon ; on la passe au pinceau sur les meubles ; l'eau s'évapore, et la cire reste par couches très minces que l'on frotte bien avec du drap ; il vient d'un poli très brillant. (On peut remplacer le sel par autant de potasse.)

Autre caustique excellent pour meubles.

On fait dissoudre dans un pot de terre 125 grammes de cire blanche en petits morceaux; on y ajoute 31 grammes de colophane en poudre; lorsque cette dernière sera fondue, on y ajoute peu à peu, en mêlant bien, 61 grammes d'huile de pin. On conserve ce mélange dans une boite de fer-blanc fermée; pour s'en servir, on prend un linge, on en met légèrement dessus et on passe sur le bois. Au bout de quatre ou cinq heures, il vient dur; c'est à ce moment qu'il faut bien le frotter avec un morceau de drap; le lendemain il sera très dur et très brillant; on peut passer le drap dessus pour le rendre plus beau, en y mettant une très-petite quantité de cire blanche.

Autre caustique pour meubles.

On prend une partie de cire blanche, ajoutez-y huit parties d'huile de pétrole; passez une couche légère de ce mélange sur le bois à polir, tandis que c'est encore chaud ; l'huile s'évaporera promptement et ne laissera qu'une couche extrêmement légère de cire, que vous polirez parfaitement bien en le frottant vigoureusement avec un morceau de drap sec.

Moyen pour faire périr les puces et les punaises.

On prend 70 ou 80 grammes de staphis aigre en poudre ; on en met dans toutes les jointures de lits, dans les coutures, dans les coins des matelas et dans tous les lieux où les punaises se rassemblent ; au bout de deux ou trois nuits, ces insectes périssent et déssèchent.

On peut se servir, de la même manière, du tabac, du poivre, et de la résine d'eupharbe réduit en poudre.

Autre procédé.

On met dans un réchaud plein de charbon allumé 15 grammes de galbanum, et autant d'assafœtida ; après avoir levé les couvertures, les matelas, les sommiers ou paillasses, et jusqu'aux barres du lit que l'on met à terre, on tient la chambre bien close et l'on bouche avec un drap l'ouverture de la cheminée. Il faut faire cette opération de grand matin, pour n'ouvrir la chambre que le soir à l'heure que l'on veut se coucher. A l'instant que la vapeur des drogues s'exhale, les punaises tombent sans mouvement, et, s'il en reste quelques-unes, un jour ou deux après, on les trouve toutes desséchées.

La quantité des drogues que nous avons indiquée suffit pour un appartement de 1 mètre 58 centimètres carrés environ. Si, par hasard, il est échappé quelques-uns de ces insectes, on réitère l'opération.

Le temps le plus propre à la faire est celui des grandes chaleurs.

Moyen infaillible pour détruire les rats.

Prenez 125 grammes de mie de pain, 62 grammes de beurre et 31 grammes de nitrate de mercure cristallisé ; faites de tout une masse ; mélangez bien ces différentes

matières ; vous les diviserez ensuite en petites pilules que vous répandrez dans les en-
droits peuplés par les rats et les souris.
L'odeur du beurre les attire infailliblement
et on les détruit par centaine.

www.ingramcontent.com/pod-product-compliance
Ingram Content Group UK Ltd.
Pitfield, Milton Keynes, MK11 3LW, UK
UKHW022121070726
13613UKWH00003B/1203